Fiche **philosophe**

Par Natacha Cerf

Lucrèce

lePetitPhilosophe.fr

LUCRÈCE

PHILOSOPHE ET POÈTE LATIN CONTINUATEUR D'ÉPICURE

- **Né vers 98 av. J.-C. à Rome**
- **Décédé vers 55 av. J.-C.**
- **Son unique œuvre :**
  - *De natura rerum (De la nature des choses)*

Lucrèce, contemporain de la **fin de la République de Rome** (Ier siècle av. J.-C.), une époque trouble caractérisée par les luttes politiques et les massacres, rejette le pouvoir, la cupidité et les passions diverses au profit du bonheur terrestre et de la sérénité. Le poète et philosophe, en tant que **disciple enthousiaste d'Épicure**, vise une connaissance matérialiste de l'univers en vue de vaincre la peur engendrée par les divinités, la Providence et les superstitions. Il souhaite permettre à ses contemporains d'**atteindre l'ataraxie ou paix de l'âme**.

Son unique poème, ***De natura rerum*** (*De la nature des choses*), considéré comme un chef-d'œuvre et composé de six livres et de quelque 7 400 vers, décrit le monde de manière matérialiste. Le titre de l'œuvre fait référence à l'ouvrage perdu d'Épicure *Peri physeôs* (*De la nature*), dans lequel ce dernier étudiait le processus du devenir de la nature.

BIOGRAPHIE

UNE MYSTÉRIEUSE ABSENCE DE BIOGRAPHIE

On ne connait quasiment rien de la biographie de Titus Lucretius Carus, qui **serait né vers 98 av. J.-C.** à Rome. Celui-ci aurait été, selon une légende relayée par l'un des quatre Pères de l'Église latine, saint Jérôme (vers 347-420), victime d'un philtre d'amour qui l'aurait rendu dément. Cette thèse semble cependant peu crédible étant donné que Lucrèce se voulait ennemi de la passion amoureuse. Plus vraisemblablement, le philosophe et poète romain **se serait suicidé** peu après sa quarantième année, vers 55 av. J.-C.

Il est en revanche certain que Lucrèce est un **esprit savant et curieux de la nature humaine**, dont il cherche à saisir la condition, et qu'il **aspire à l'avènement de la lumière** à une période caractérisée par l'obscurantisme.

LE TÉMOIN D'UNE GRAVE CRISE POLITIQUE ET MORALE

En effet, Lucrèce est le témoin d'une **époque particulière-ment troublée** :

- entre 91 et 88 av. J.-C., la péninsule italienne est le théâtre d'une violente révolte des alliés italiens contre Rome. Il s'agit de la **guerre sociale** ou guerre des Alliés, qui trouve son origine dans le refus d'accorder la citoyenneté romaine aux Italiens. En effet, seuls les citoyens de Rome y ont droit, ce qui engendre des discriminations relatives

à la justice, aux impôts, à la distribution des terres, etc. ;
- les généraux romains **Marius** (157-86 av. J.-C.), à la tête des populares (parti dit « populaire »), et **Sylla** (138-78 av. J.-C.), partisan des *optimates* (parti conservateur), souhaitent tous deux obtenir le contrôle de la République. Ces luttes de pouvoir sont à l'origine de la première guerre civile romaine en 88-87 av. J.-C. ;
- en 73 av. J.-C., l'esclave et gladiateur thrace **Spartacus** (109-71 av. J.-C.) se révolte, inaugurant la troisième guerre servile en Italie. Crassus (115-53 av. J.-C.) y met fin en 71 av. J.-C. Des milliers d'hommes périssent et les rescapés sont crucifiés le long de la route de Capoue à Rome ;
- **Catilina** (108-62 av. J.-C.) cherche à s'emparer du pouvoir à Rome en 63 av. J.-C. via un complot visant la suppression d'une partie de l'élite politique romaine. Démasqué, il quitte Rome pour fomenter un soulèvement en Étrurie, mais il est tué peu après ;
- **Crassus, Pompée** (106-48 av. J.-C.) **et César** (100-44 av. J.-C.) sont élus consuls en 70 av. J.-C. En 60 av. J.-C, les trois hommes forment le **premier *triumvirat*** pour cinq ans. Celui-ci s'achève avec les morts de Crassus et de Julia, fille de César et femme de Pompée. Les deux hommes, n'étant plus liés, se disputent le pouvoir et César instaure une dictature.

C'est, en somme, l'incohérence et l'instabilité du pouvoir, les dysfonctionnements des institutions républicaines, la crise économique – engendrée par les guerres –, la corruption et les luttes de classes qui caractérisent l'époque de Lucrèce. La République s'achève ainsi dans l'**anarchie politique**. Les Romains se mettent alors à croire les superstitions les plus basses, et se livrent à l'oisiveté et à la **décadence morale**. Lucrèce assiste à la mort de la dignité romaine et de ses coutumes au profit des passions, de la violence et de l'horreur. Cependant, le philosophe et poète demeure entier, humaniste et amoureux du vivant, passionné par la vérité et par la science, sensible et compréhensif envers les faiblesses humaines. Son unique œuvre, le *De natura rerum* (*De la nature des choses*), qui relaye la philosophie épicurienne, cherche un remède à l'existence en sondant l'origine du mal qui la ronge.

CONTEXTE PHILOSOPHIQUE

L'ÉPICURISME

L'épicurisme est une **doctrine matérialiste** qui s'est d'abord développée en Grèce avec Épicure (341-271 av. J.-C.). Celui-ci conçoit **l'univers comme exclusivement composé de vide et d'atomes**, comme le pensait déjà le philosophe présocratique Démocrite (vers 460-370 av. J.-C.). Dès lors, il est inutile de redouter la mort puisque l'âme elle-même est composée d'atomes : lorsque nous mourons, l'âme se désagrège tout comme le reste du corps. Par ailleurs, il n'y a pas à craindre les dieux non plus, car la doctrine épicurienne les envisage comme des êtres parfaits vivant bienheureux dans leur propre monde et ne se souciant pas des hommes.

Épicure montre que si les hommes craignent les dieux et la mort, c'est parce qu'ils ignorent les causes véritables des phénomènes naturels et les incombent à des puissances sur-naturelles. En les débarrassant de leurs peurs, le philosophe grec permet aux hommes d'atteindre **le bonheur**, qui réside dans **la santé du corps et la tranquillité de l'âme**, soit dans l'absence de souffrance. À cette fin, il invite ses disciples à **pratiquer les vertus**, en particulier celle de la tempérance : il s'agit d'apaiser ses passions et d'éradiquer les désirs vains (aspiration à la gloire, à la richesse, à la luxure, etc.). Seuls les plaisirs naturels et nécessaires (manger, boire et dormir) sont recommandables pour le véritable sage qui cherche l'absence de trouble dans le cœur et dans le corps. Épicure convie ainsi ses disciples à une vie frugale et dénuée d'ambi-tion, à l'écart de la vie publique et maritale.

Lucrèce a traduit à la lettre la philosophie d'Épicure dont il est un très fidèle disciple. Mais, à la différence de ce dernier, Lucrèce est un penseur tragique. Il insiste sur le malheur, l'insatisfaction, les contradictions irrésolues et l'anxiété, tandis qu'Épicure met davantage l'accent sur la sagesse, l'ataraxie et l'absence de troubles : Épicure est un sage, Lucrèce, un poète.

<u>**BON À SAVOIR**</u>

Le **matérialisme** est une philosophie qui rejette l'existence d'un principe spirituel, estimant que la matière est à l'origine de toutes choses. Il s'oppose au **spiritualisme** qui affirme au contraire l'autonomie et la supériorité de l'esprit sur la matière.

PENSÉE ET APPORT

Le plaisir, puisqu'il est ce qui nous retient en ce monde et perpétue les races, est le souverain bien. Il doit cependant être compris essentiellement comme une notion négative. En effet, pour les épicuriens, il désigne avant tout **l'absence de trouble dans l'âme et de douleur dans le corps**. Dès lors, Lucrèce, tout comme Épicure, promeut la simplicité d'une vie rustique.

Pour atteindre le souverain bien, **la connaissance de la nature** est indispensable : ce sont les représentations fausses du monde qui causent le malheur des hommes et les égarent dans l'ignorance et les passions. Ainsi, l'étude de la nature est nécessaire au souverain bien (citation 1). Elle permet notamment à l'âme de ne plus craindre la mort ni les dieux, qui ne se préoccupent pas de nous, et d'échapper aux passions qui découlent de ces craintes.

L'ATOMISME

Les atomes et le vide

Lucrèce explique la nature par l'atomisme, une théorie physique selon laquelle **l'univers est uniquement constitué de vide et de particules matérielles**, les atomes :

- ceux-ci sont les éléments premiers, c'est-à-dire qu'ils sont incréés ;
- ils sont insécables, solides et étendus car leur juxtaposition compose des corps ;
- ils sont immortels et en nombre infini ;

- ils sont de grandeur et de forme variable mais géométrique ;
- ils ont un volume et un poids, mais ni couleur ni odeur ni saveur – ils sont insensibles – ;
- ils se meuvent sans cesse, raison pour laquelle leur existence implique celle du vide qui leur permet de se déplacer, de s'unir ou de se séparer. Ce vide dans lequel ils se meuvent est l'espace infini.

L'ORIGINE DU MONDE

C'est à partir de cette définition des atomes que les épicuriens imaginent l'origine de la nature : les atomes tombent sans fin dans l'espace infini, parallèlement les uns aux autres, de manière régulière. Mais si tous les corps tombent à la même vitesse et dans le même sens, à certains moments, **des atomes s'écartent de leur trajectoire grâce au clinamen** : il s'agit de la déviation spontanée, indéterminée et aléatoire des atomes. En déviant, ceux-ci s'entrechoquent, ce qui leur permet de s'assembler en conglomérats et de faire naitre les corps composés sensibles (<u>citation 2</u>). En effet, si les atomes sont insensibles, de leur combinaison naissent les qualités secondes qui, elles, sont sensibles. Ainsi, l'insensible génère le sensible : les atomes engendrent des corps qui ont une odeur, une couleur, une saveur, etc.

Le clinamen permet aux épicuriens d'introduire du hasard dans la nécessité : il est nécessaire, pour que les corps se forment, que les atomes se rencontrent, mais ils se rencontrent par hasard. En somme, **l'univers s'explique tout entier par le hasard** et la mécanique aveugle des atomes dans le vide.

Cette conception rend également possible la notion de liberté que Lucrèce ne définit donc pas d'un point de vue humain ou psychologique, mais bien à partir de la matière. Si l'agencement des corps est le fruit du hasard, cela signifie que **l'homme reste libre d'agir selon sa volonté** en vue d'obtenir ce qu'il désire et de façonner sa vie comme il l'entend. Par conséquent, nos actions n'étant dirigées ni par la fatalité, ni par la chance, ni par la main de Dieu, **la vie appartient pleinement à l'homme**.

La matière préexistante

Ainsi, selon les épicuriens, les atomes sont des éléments premiers impérissables qui s'assemblent pour former les corps. Quant à ces derniers, ils périssent lorsque les atomes se séparent. Cependant, puisque **rien ne nait du néant**, rien n'y retourne. Ce principe exige toujours une cause antécédente et donc **une matière préexistante**, ce qui exclut toute intervention divine. Lucrèce développe en outre d'autres **arguments antithéistes** :

- chacune des parties composant le monde (eau, air, feu et terre, quatre molécules issues de la combinaison des atomes) étant mortelle, le tout ne peut être immortel ;
- l'être ne peut qu'être antérieur à l'idée. C'est le monde qui suppose des idées et non une idée qui a supposé le monde. Dès lors, les dieux n'ont pas pu avoir l'idée du monde sans que le monde n'existe déjà.

Lucrèce affirme par ailleurs qu'**il existe une pluralité de mondes**. En effet, le nombre d'atomes à se mouvoir dans le vide étant infini et le mouvement des atomes étant continuel, il y a toutes les chances qu'il y ait d'autres groupements de matière ailleurs, avec des hommes et des espèces différents. Le monde que nous connaissons n'est dès lors, aux yeux des épicuriens, qu'une infime partie de l'univers, qu'une combinaison imparfaite parmi une infinité d'autres combinaisons possibles.

LA DÉFINITION DE L'ÂME

L'âme, une combinaison d'atomes

L'âme est **un principe de vie et de sensibilité** qui permet aux organes de fonctionner. Tout comme le reste du corps et du monde, elle est **composée d'atomes**, mais ceux-ci sont extrêmement petits, plus légers et plus mobiles. L'âme se répand ainsi dans le corps comme l'eau remplit un aquarium pour faire vivre ce qu'il contient. Si l'aquarium se brise, le liquide se répand et se disperse : c'est ce que fait l'âme quand le corps meurt. Les atomes qui forment l'âme sont de quatre espèces : chaleur, souffle, air et une quatrième substance sans nom, la plus subtile.

L'âme est en outre composée de **deux parties** en étroite relation l'une avec l'autre :

- **l'*animus* ou « esprit »**, principe de la pensée, de l'intelligence et de la volonté, qui s'occupe des opérations intellectuelles les plus complexes et qui est à l'origine de la connaissance. L'*animus* est au centre de la poitrine ;
- **l'*anima* ou « âme »**, qui assure la perception des sensations. Toutefois, la sensibilité, le plaisir et la douleur relèvent autant de l'*anima* que de l'*animus*. L'anima est

dispersée dans tout l'organisme : d'une part, elle propage les informations fournies par les sens et, d'autre part, elle transmet aux organes les décisions issues de l'*animus* (citation 3).

La mortalité de l'âme

L'*animus* et l'*anima* sont **intimement liés au corps** : ils en font partie à l'instar des autres organes. La continuité de leurs atomes avec ceux du reste du corps prouve que l'un n'est pas supérieur et moins matériel que l'autre, bien que l'animus est ce qui distingue les hommes des autres êtres vivants. Lucrèce affirme ainsi **la matérialité et la mortalité de l'âme** au même titre que le corps. L'âme, tout comme le corps, vieillit et partage son sort puisqu'elle est tout autant sujette à des faiblesses. En effet, lorsque le corps souffre, l'âme souffre également. De même, lorsque le corps meurt, l'âme meurt avec lui (citation 4). Cette certitude permet d'envisager la mort avec sagesse : il n'y a en effet aucune raison de craindre la mort, puisque rien de nous ne survit.

Enfin, cette définition lucrétienne de l'âme, qui n'a rien de divin, démontre que l'homme n'a pas une essence particulière ou plus noble que les autres êtres vivants.

LA THÉORIE DES SIMULACRES

Tous les corps possèdent autour d'eux des simulacres. Il s'agit de membranes légères qui ont la même forme et le même aspect que le corps en question et qui s'en détachent. Ces simulacres flottent dans les airs et pénètrent nos organes des sens : **ce sont d'eux que naissent les sensations** (citation 5). Autrement dit, des émanations d'atomes se détachent des objets et viennent percuter nos sens. Ceux-ci transmettent les informations reçues grâce à l'*anima* qui les répercute jusqu'à l'*animus*.

Par ailleurs, **les idées et les représentations mentales** naissent également des simulacres, mais ceux-ci sont plus subtils et plus agiles encore que les simulacres de la sensation. La volonté s'explique donc elle aussi par les simulacres : les simulacres du mouvement (vouloir marcher par exemple) transmettent le message de la volonté de bouger à l'*animus* qui meut à son tour l'*anima*. Celle-ci, répandue dans les membres, les fait bouger.

Ainsi, Lucrèce introduit partout de la matérialité. Il s'agit là d'un argument contre la vision présumée des fantômes et la croyance en l'immortalité de l'âme : ce que nous voyons n'est pas l'âme de l'être mort, mais le simulacre qui s'est détaché du corps de son vivant et qui continue de voltiger dans les airs. Les simulacres apportent donc une explication au phénomène de la perception, des rêves et de la pensée.

LES PASSIONS

L'enfer de la vie terrestre

Dès lors, **tout s'explique sans l'intervention des dieux**. Par conséquent, ils ne sont pas plus à craindre que la mort. Lucrèce leur reproche avec virulence de déchainer des passions absurdes. Le poète a une sainte horreur des religions, des cultes et des prêtres de son temps. Il regrette que ses contemporains réduisent la piété à la prière ostentatoire et aux sacrifices sanglants. Le sacrifice d'Iphigénie par son père, Agamemnon, qui s'est laissé convaincre d'immoler sa propre fille pour obtenir des dieux des vents plus favorables, en est exemplaire. Selon Lucrèce, **la véritable piété consiste à viser la paix, la sérénité et l'ataraxie** en vue d'atteindre la sagesse épicurienne.

Le philosophe estime ainsi que les mythes antiques de Sisyphe, des Danaïdes et de Tityos symbolisent en réalité la vie ici-bas caractérisée par **la douleur de vivre esclave de ses passions**. L'ambition, la richesse et l'amour détruisent tout, génèrent la déraison et ne sont qu'une illusion :

- **la recherche des honneurs** se métaphorise chez Lucrèce dans **le mythe de Sisyphe** roulant en vain son rocher jusqu'au sommet d'une pente d'où il dégringole inexorablement : l'ambition se heurte par essence à la déception puisqu'elle engendre haine et impopularité. C'est pourquoi Lucrèce se tient à l'écart de la politique et de la cité (<u>citation 6</u>) ;
- **la recherche des richesses** est superflue puisqu'on ne manque jamais du nécessaire, présent partout dans la nature. Lucrèce illustre l'avidité des richesses et des jouissances par le **mythe des Danaïdes** cherchant à remplir un tonneau percé : l'homme ne se trouve jamais rassasié ;
- l'amour est chez Lucrèce lié à la volonté de perpétuer l'espèce et donc la vie. Il n'y a, en soi, rien de condamnable à cela. Cependant, le plaisir sexuel est à distinguer de **la passion amoureuse**. Cette dernière a pour essence l'insatiabilité et l'inassouvissement tels que les symbolise le **mythe de Tityos**, demi-dieu dont le supplice éternel est

d'avoir le foie dévoré par les vautours (<u>citation 7</u>). Ainsi, l'amour est toujours source d'insatisfaction et de trouble parce qu'il repose sur l'illusion de la possession de l'autre et sur l'illusion qu'on se fait quant à la perfection de l'être aimé.

La peur de la mort

Selon Lucrèce, si les hommes se laissent aller à ces passions dévastatrices, c'est parce qu'ils **ont peur de la mort et des châtiments infernaux**, une crainte entretenue par les religions à travers la croyance en l'immortalité de l'âme. Cette peur de l'au-delà rend les êtres incapables de profiter pleinement de leur vie terrestre : croyant, à tort, que les passions les prémunissent de leurs craintes, ils se lancent dans une **course effrénée aux plaisirs**, désirant toujours plus. Mais cela les conduit fatalement à la déception et à la souffrance : les passions génèrent de l'insatisfaction, sont éloignées du vrai et relèvent de l'imagination. Ainsi, la quête des plaisirs se situe à l'opposé de la recherche de sérénité prônée par Lucrèce. Celui-ci nous incite au contraire à revenir aux données primitives de la nature.

LE PESSIMISME DE LUCRÈCE

Par cette peinture de l'homme ravagé par les passions, qui se condamne lui-même à l'insatisfaction, Lucrèce dévoile un grand pessimisme. S'il tente malgré tout de mettre en avant le message épicurien d'une nature-remède faite pour le plaisir et contenant en elle tout ce qui est nécessaire à la félicité, il semble qu'il peine lui-même à y croire entièrement.

Pour lui, **l'homme vit une existence à laquelle il est forcé**. Toujours étranger dans ce monde, il est perdu devant l'inintelligibilité de la nature et soumis à la nécessité de ses lois. Incapable et ignorant, telle est sa situation originelle. Hanté par la mort, il y est condamné. Dès lors, l'homme est mis en position d'échec constant face à la vie : il est dans une course perdue d'avance et jonchée d'illusions telles que l'ambition, la richesse ou l'amour. Lucrèce pose l'impossibilité radicale pour l'homme de sortir de soi et de s'unir aux autres hommes. L'amour, bien qu'il se fonde sur une loi naturelle, n'est qu'une lutte de chairs qui s'achève par la souffrance et la cruauté.

Emmuré dans une existence tragique sans joie, **son seul salut est dans le système philosophique d'Épicure**, qui consiste à rechercher la paix de l'âme. Celle-ci ne peut être acquise que par la connaissance de la nature qui délivre l'homme de ses terreurs et de son angoisse.

Lucrèce considère le plaisir comme le souverain bien, qu'il définit comme **l'absence de trouble pour l'âme et de douleur pour le corps**. Pour l'atteindre, **l'étude de la nature** est indispensable : celle-ci délivre les hommes des représentations fausses du monde qui les poussent à succomber aux passions.

Le philosophe explique la nature par **l'atomisme**, qui rend entièrement compte de la création de **l'univers, constitué de vide et d'atomes**. Lors de la chute sans fin des atomes au sein du vide infini, le clinamen fait dévier certains d'entre eux, provoquant des entrechocs qui forment les corps. L'origine du monde est donc **le hasard**, ce qui exclut toute intervention divine.

L'âme est également composée d'atomes et se divise en deux parties étroitement liées : **l'*animus*, principe des opérations intellectuelles, et **l'*anima*, responsable des sensations. Toutes deux appartiennent au corps au même titre que les organes. Dès lors, **l'âme meurt avec corps**, ce qui signifie qu'il n'y a pas à craindre la mort et les Enfers.

Les **simulacres** sont des membranes légères qui ont la même forme et le même aspect que les corps, dont ils se détachent. Flottant dans les airs, ils atteignent nos organes des sens et sont donc, avec l'*anima*, **à l'origine de nos sensations**.

Lucrèce dresse une peinture particulièrement sombre de

l'homme prisonnier de passions telles que l'ambition, la richesse et l'amour. Ce sont autant de pièges qui conduisent inexorablement à la déception. Le **seul salut possible** pour l'homme est le retour aux vérités premières grâce au **système philosophique d'Épicure**.

Votre avis nous intéresse !
Laissez un commentaire sur le site de votre librairie en ligne
et partagez vos coups de cœur sur les réseaux sociaux !

POUR ALLER PLUS LOIN

- BOYANCÉ (Pierre), *Lucrèce : sa vie, son œuvre avec un exposé de sa philosophie*, Paris, PUF, 1964.
- COMTE-SPONVILLE (André), *Lucrèce, poète et philosophe*, Tournai, La Renaissance du livre, 2001.
- LUCRÈCE, *De natura rerum*, traduction de José Kany-Turpin, Paris, GF-Flammarion, 1997.

TESTEZ VOS CONNAISSANCES !

ASSOCIEZ CHAQUE CITATION À L'EXPLICATION QUI LUI CORRESPOND

Citation 1 : « Ce ne sont pas les rayons du soleil ni les traits lumineux du jour qu'il faut pour dissiper cette terreur et ces ténèbres de l'âme mais la vision de la nature et son explication raisonnée. » (*De natura rerum*, livre 1)

Citation 2 : « [...] agités d'un mouvement continuel et divers, ils [les atomes] se heurtent, puis rebondissent, les uns à grande distance, les autres faiblement, et s'éloignent peu. Tous ceux qui, formant les assemblages les plus denses, ne s'écartent que fort peu après leur rencontre, enchevêtrés qu'ils sont grâce aux entrelacs de leurs figures, ceux-là servent de base au corps dur [...]. » (*De natura rerum*, livre 2)

Citation 3 : « [...] l'esprit et l'âme [...] ne forment ensemble qu'une même substance ; [...] le dominateur de tout le corps, c'est ce conseil que nous appelons esprit et pensée ; lui, il se tient au centre de la poitrine. C'est là en effet que bondissent l'effroi et la peur, c'est là que la joie palpite doucement, c'est donc là le siège de l'esprit et de la pensée. L'autre partie, l'âme, répandue par tout le corps [...] se meut sous son impulsion. » (*De natura rerum*, livre 3)

Citation 4 : « L'âme séparée du corps est incapable d'accomplir toute seule les mouvements de la vie et le corps privé de l'âme ne peut subsister ni sentir. [...] l'enveloppe corporelle une fois dissoute et le souffle vital expulsé, il faut de toute nécessité que les facultés de l'esprit s'éteignent et l'âme pareillement, car leurs causes sont liées. » (*De natura rerum*, livre 3)

Citation 5 : « [...] la surface des corps émet des figures et images subtiles, auxquelles nous pourrions donner le nom de membranes ou d'écorces, puisqu'elles ont la même forme et le même aspect que les corps [...] dont elles émanent pour errer dans l'espace. » (*De natura rerum*, livre 4)

Citation 6 : « Sisyphe [...], sous nos yeux, s'acharnant à briguer devant le peuple les faisceaux et les haches et se retirant toujours vaincu et triste. Car rechercher le pouvoir qui n'est que vanité et que l'on n'obtient point, et dans cette poursuite s'atteler à un dur travail incessant, c'est bien pousser avec effort au flanc d'une montagne le rocher qui à peine hissé au sommet retombe et va rouler en bas dans la plaine. » (*De natura rerum*, livre 3)

Citation 7 : « L'amour est un abcès qui, à le nourrir, s'avive [...] ; c'est une frénésie que chaque jour accroît, et le mal s'aggrave si de nouvelles blessures ne font pas diversion à la première [...]. » (*De natura rerum*, livre 4)

Explication a : les corps se forment grâce aux chocs entre les atomes.

Explication b : seul le hasard est responsable de la création de l'univers. Il n'y a aucune intervention divine.

Explication c : les simulacres sont des membranes légères qui se détachent des corps dont elles sont les miniatures et qui voltigent dans les airs.

Explication d : seule la connaissance de la nature est capable de balayer les craintes des hommes.

Explication e : rien ne nait de rien et rien n'y retourne : il y a toujours de la matière.

Explication f : la passion amoureuse condamne l'homme aux sentiments d'insatiabilité et d'inassouvissement.

Explication g : si les hommes se lancent dans une course effrénée aux plaisirs, c'est parce qu'ils ont peur de la mort et des châtiments des Enfers.

Explication h : l'âme est aussi matérielle que le corps : elle se dissipe pareillement à lui au moment de la mort.

Explication i : l'ambition ne peut mener qu'à la déception. Elle ne se réalise en effet que dans la haine et l'impopularité : elle n'est jamais satisfaisante et toujours à refaire.

Explication j : l'âme est composée de deux parties : l'animus, au centre de la poitrine, siège des opérations intellectuelles les plus complexes, et l'anima, répandue dans tout le corps, qui transmet les sensations.

Rendez-vous sur lepetitphilosophe.fr et découvrez :

Plus de 1200 analyses
Claires et synthétiques
Téléchargeables en 30 secondes
À imprimer chez soi

L'éditeur veille à la fiabilité des informations publiées, lesquelles ne pourraient toutefois engager sa responsabilité.

© LePetitPhilosophe.fr, 2017. Tous droits réservés.

www.lepetitphilosophe.fr

ISBN version numérique : 978-2-8062-4952-4
ISBN version papier : 978-2-8062-5008-7
Dépôt légal : D/2017/12603/604

Conception numérique : Primento,
le partenaire numérique des éditeurs.